AF562364

NOTICE

SUR

LA VIE ET LES OUVRAGES

DE

FEU MR J. B. LE CHEVALIER,

ANCIEN CONSERVATEUR DE LA BIBLIOTHÈQUE DE SAINTE-GENEVIÈVE;

MEMBRE DE LA SOCIÉTÉ DES SCIENCES ET ARTS DE PARIS, DES ACADÉMIES D'ÉDIMBOURG, DE GÖTTINGUE, DE CASSEL ET DE MADRID, CHEVALIER DE LA LÉGION D'HONNEUR, ETC.

PAR M[R] L'ABBÉ NOËL,

SON NEVEU.

1840.

TYPOGRAPHIE DE FIRMIN DIDOT FRÈRES,
rue Jacob, 56.

NOTICE

SUR

LA VIE ET LES OUVRAGES

DE

FEU Mr J. B. LE CHEVALIER,

ANCIEN CONSERVATEUR DE LA BIBLIOTHÈQUE DE SAINTE-GENEVIÈVE.

Jean-Baptiste Le Chevalier naquit à Trelly, arrondissement de Coutances (Manche), le 1er juillet 1752.

Par sa mère Anne Boudier, il appartenait à l'ancienne famille des Boudier qui a fourni des hommes distingués dans l'Église et dans les Lettres, entre autres le R. P. Dom Pierre-François Boudier, qui fut, pendant le siècle dernier, d'abord abbé de Saint-Martin de Séez, puis supérieur général de la célèbre congrégation des bénédictins de Saint-Maur.

Jean-Baptiste Le Chevalier n'avait que cinq ans lorsqu'il fut envoyé par ses parents chez un oncle paternel, chanoine de l'église de Saint-Brieuc, auprès duquel il fit ses premières études. Cet oncle, qu'il nomma toute sa vie son second père, découvrit aisément les rares facultés de l'enfant spirituel et studieux qu'on lui avait confié. Durant les dix années qu'il cultiva cette tête fertile, il y fit germer toutes les connaissances religieuses, philosophiques, mathématiques et littéraires, qui devaient si tôt en faire un professeur de ces sciences, et plus tard un des hommes les plus distingués de son pays.

Il faut que ce chanoine ait été un homme d'un goût pur et d'un commerce aimable, car son élève a porté ces qualités à un si haut degré, qu'il a dû en avoir de bonne heure sous les yeux et les préceptes et le modèle.

Le jeune Le Chevalier perdit à quinze ans son excellent instituteur, retourna, enrichi de bons principes et de connaissances positives, à la maison paternelle, et de là se rendit à Paris où il passa trois ans au séminaire Saint-Louis. Cet établissement était alors dirigé par le savant et vertueux abbé Garel. Là, sous des maîtres habiles, Le Chevalier perfectionna si bien ses études, qu'il fut capable, dès l'âge de dix-huit ans, de professer la philosophie et les mathématiques dans les colléges de Paris.

De 1772 à 1778, époque si riche en littérateurs, en mathématiciens célèbres, il occupa des chaires avec honneur dans les colléges du Plessis, d'Harcourt et de Navarre. Ce fut là qu'il contracta ses meilleures amitiés, qui ne furent successivement brisées que par la mort : triste condition d'épreuves et de douleurs attachée à une longue vie!...

Ces années passées dans l'enseignement favorisèrent le développement des facultés intellectuelles du jeune professeur, de telle sorte que l'intendant de Metz, M. de Pont, regarda comme une seconde fortune pour son fils, le bonheur d'être élevé par un précepteur d'un esprit si varié, d'un cœur si religieux, et d'un caractère si aimable.

M. le comte de Choiseul-Gouffier, nommé ambassadeur à Constantinople, ayant connu la réputation que Le Chevalier s'était acquise dans les colléges et même dans les familles les plus distinguées de la capitale, charmé surtout du portrait qu'il entendit faire de ses talents à M. le prince de Talleyrand, proposa au jeune littérateur de l'emmener avec lui comme secrétaire intime, et de l'attacher à son ambassade. On se figure aisément l'enthousiasme qui dut saisir un savant de trente-deux ans, parlant avec facilité la langue d'Homère, pour un voyage en Grèce et dans l'Asie Mineure.

Ce qui rendait un tel voyage plus attrayant encore pour un littérateur tel que Le Chevalier, c'est qu'il devait avoir des compagnons de son goût : l'abbé Barthélemy, l'helléniste d'Ansse de Villoison, le poëte Delille, le sculpteur Fauvel, le peintre Cassas, devaient accompagner M. de Choiseul-Gouffier. Cet ambassadeur avait déjà dans la pensée le plan de son tableau pittoresque de la Grèce, et il emmenait les artistes et les ouvriers de ce vaste monument; Le Chevalier devait en être un des plus habiles.

Mais son départ pour le Levant fut retardé par

un voyage à Londres, où les intérêts personnels de son nouveau patron l'obligèrent à demeurer quelque temps; il y apprit parfaitement l'anglais, et y forma dans la classe élevée les liaisons les plus intéressantes, notamment dans les illustres familles Fox et Lansdowne, qui l'ont honoré de leur amitié jusqu'à la fin de sa vie.

Enfin, revenu d'Angleterre, il partit pour l'Italie, et visita Turin, Florence, Rome, Naples et Venise. Il fut retenu dans cette dernière ville par une maladie grave pendant sept mois. L'Orient semblait encore fuir devant ses vœux, et se fermer à celui qui devait en explorer la contrée la plus poétique. Enfin il surmonta ce nouvel obstacle, et s'embarqua pour la côte d'Asie.

C'est dans le premier volume de sa *Troade* qu'il faut lire ce voyage de Venise au cap Lectos, si animé par la brillante imagination de l'auteur, si rempli déjà d'érudition classique, d'anecdotes contemporaines, d'observations fines ou profondes sur les mœurs des Grecs modernes.

Cependant le but de sa mission, à lui, c'était la plaine de Troie; le maître qui l'avait envoyé, ce n'était pas le souverain de la France, c'était le chantre inspiré: ses instructions étaient écrites dans les deux poëmes d'Homère. Ce fut pour les remplir qu'il abandonna bientôt les brillants rivages du Bosphore, pour interroger les sources oubliées du Scamandre et du Simoïs.

Arrivé enfin au but de ses désirs, Le Chevalier commença avec ardeur ses recherches dans la plaine de Troie. On aime à le suivre sur ce rivage isolé, où quelques rares janissaires promenaient alors l'insolence du glaive; on aime à voir sur une terre vouée aux conquérants, et qui ne semble pouvoir être émue que par les catastrophes des empires, un voyageur français solitaire, parcourant la plaine un livre à la main, l'esprit fixé sur une seule grande idée.

Après un premier aperçu qui lui donna l'espérance d'expliquer un jour la topographie de l'*Iliade*, notre jeune érudit se dirigea vers Constantinople auprès de l'ambassadeur. Il lui fit hommage de ses premières découvertes, et en reçut des encouragements. Il fallut, pour éclaircir tant de doutes, de conjectures et de paradoxes sur cette haute antiquité presque effacée par la succession des Grecs, des Romains et des Turcs sur le même territoire, que notre voyageur revînt bien des fois dans cette plaine du Simoïs et du Scamandre, qu'il montât sur l'Ida et s'élevât jusqu'au Gargare, qu'il interrogeât, Homère à la main, les ruines, les tombeaux, les rochers, les fontaines, le cours des fleuves, tout, jusqu'aux ondulations du terrain. Il parvint enfin, à force de persévérance, de science et de sagacité, à constater l'exactitude des descriptions d'Homère, et la réalité d'un siége qui a passé quelquefois pour fabuleux.

On contesta la vérité de ses assertions : un célèbre anglais, le docteur Bryant, alla même jusqu'à soutenir qu'il n'avait jamais existé de guerre de Troie. Le temps et les critiques ont prononcé, et c'est à M. Le Chevalier qu'est due la gloire d'avoir justifié le premier l'exactitude et la véracité d'Homère.

Cette certitude des actions militaires et cette précision dans les mouvements des troupes, relativement à l'état du terrain, conduisirent le savant observateur à penser, et même à soutenir, quarante ans plus tard, qu'un des généraux grecs présents au siége avait pu seul décrire ces combats et composer le poëme de l'*Iliade*. Mais n'anticipons point sur l'avenir de l'auteur, et reprenons l'ordre des dates, si nécessaires dans une biographie.

Ce fut aussi de 1782 à 1786, pendant son séjour à Constantinople, que Le Chevalier étudia les monuments et les antiquités de cette capitale, parcourut les rivages de la mer de Marmara, ceux du Bosphore et de la mer Noire, et recueillit les observations intéressantes et neuves dont se compose son *Voyage de la Propontide et du Pont-Euxin*. On y trouve les détails les plus piquants et les plus précieux sur la géographie, les produits naturels et artificiels, les mosquées, les bains, l'intérieur du sérail, ainsi que sur les mœurs, les lois, les coutumes des peuples qui habitent ces belles et merveilleuses contrées. Son style est toujours animé, toujours varié et pittoresque comme le sujet même. Il est encore aujourd'hui le guide le plus sûr des voyageurs qui étudient ces pays classiques.

Les deux extraits que nous prenons la liberté de citer ici, nous paraissent propres à bien constater l'opinion publique, non-seulement sur l'exactitude des découvertes de M. Le Chevalier, mais encore sur les souvenirs et les liaisons honorables qu'il a conservés jusqu'à la fin de sa longue carrière dans tous les pays qu'il a visités et étudiés; ce qui le mettait à portée chaque jour de rendre service à un grand nombre de voyageurs.

Nous en nommons deux entre mille : M. Edward Dodwell parmi les voyageurs anglais, et M. Michaud parmi les français.

« *It is*, dit M. Dodwell, page IX de la Préface de son livre : *A classical Tour through Greece; it is to the celebrated traveller* Le Chevalier, *author of the learned works entitled :* Voyage dans la Troade, *and* Voyage de la Propontide et du Pont-Euxin, *that the world is indebted for settling, in a clear and unequivocal manner, the long controversy about the position of Troy and its memorable plain.*

« *The author of the present Tour visited the Troade with the Iliad of Homer and the travels of* Le Chevalier *as his only guides, and he can, with other travellers who have been upon the spot, bear testimony to the scrupulous accuracy of the work; and it is certain, that those, who have since written upon the same subject, have either copied the ideas of* Le Chevalier, *or, if they have differed from him, they have commited errors, or fabricated systems which cannot be upheld.*

« *It is to the friendly exertions of the discoverer of Troy, that the author is indebted for the permission which was granted him to travel in Greece upon his parole.* »

C'est, dit M. Dodwell, dans la Préface de son livre : *A classical Tour through Greece;* c'est au célèbre voyageur Le Chevalier, auteur des savants ouvrages intitulés : *Voyage dans la Troade* et *Voyage dans la Propontide et le Pont-Euxin*, que le monde est redevable d'avoir fixé d'une manière claire et indubitable la longue discussion sur la position de Troie et de sa mémorable plaine.

L'auteur de ce *Tour en Grèce* a visité la Troade avec l'Iliade et le Voyage de Le Chevalier pour seuls guides, et il ne peut que joindre son témoignage à ceux des autres voyageurs qui ont parcouru ces lieux, pour attester la scrupuleuse exactitude de cet ouvrage. Il est certain que ceux qui ont écrit depuis sur ce sujet ont copié les idées de Le Chevalier, ou, s'ils se sont écartés de lui, ils ont commis des erreurs et fabriqué des systèmes qui ne sauraient être soutenus.

C'est à la bienveillante entremise du savant qui a découvert Troie, que l'auteur a dû la permission, qui lui a été accordée, de voyager en Grèce sur sa parole. (M. Dodwell a fait son voyage durant les années 1804, 5 et 6.)

MM. Michaud et Poujoulat ont visité la Troade pendant les années 1830 et 1831. Voici ce que nous lisons, tome Ier, page 375 de la *Correspondance d'Orient* :

« Nous avons avec nous le Voyage de M. Le Chevalier, que nous relisons souvent. Les explications qu'il nous donne sur la topographie homérique de la Troade sont si nettes et si claires, qu'on ne peut s'égarer en le prenant pour guide. *C'est à lui qu'appartient l'honneur d'avoir reconnu le premier les champs où fut Troie*..... La gloire de M. Le Chevalier vit toujours sur les bords du Simoïs et du Xante, et tous ceux qui visitent les lieux illustrés par l'Iliade, se plaisent à répéter son nom. »

Pourrait-on le croire? L'auteur de cette mémorable découverte, objet des vœux et des recherches inutiles de César et même d'Alexandre, eut à supporter plus d'un genre de persécutions.... D'abord il fut placé au Phanar de Constantinople, où il resta plus de six mois dans le temps que la peste y faisait les plus affreux ravages. De là il fut envoyé dans les provinces de la Valachie et de la Moldavie, au milieu de tous les périls et de tous les dangers de la guerre que les Russes y faisaient à cette époque. Puis des lettres furent adressées au gouvernement français, pour demander que Le Chevalier fût incarcéré et mis à la Bastille : plusieurs personnages distingués, notamment l'illustre et vertueux M. de Malesherbes, l'avertirent des trames qui se préparaient contre lui. Enfin, il ne fut d'aucune des Académies de l'Institut; et on peut dire que c'est un honneur qui leur manqua plutôt qu'à lui-même. Ici nous nous abstenons de toute réflexion, nous citons des faits qui parlent assez haut.

Il faut lire là-dessus l'excellent livre intitulé : *Découvertes dans la Troade*, etc., que M. A.-F. Mauduit, architecte de l'empereur Alexandre Ier, et correspondant de l'Institut royal de France, vient de publier à Paris (chez Firmin Didot). Cet ouvrage, qui intéresse à un haut degré les amateurs des arts et de l'antiquité, rend une pleine justice à M. Le

Chevalier. L'auteur s'y montre partout homme indépendant et ami de la vérité.

A la suite de ses travaux et de ses découvertes dans la Troade et sur les rivages de la Propontide, Le Chevalier fut chargé, par M. de Choiseul, de diverses commissions difficiles et dangereuses. Il s'en acquitta toujours, *même au péril de sa vie*, avec dévouement et loyauté. En 1788, Le Chevalier se trouvait à Yassi, où l'ambassadeur l'avait envoyé remplir une mission politique auprès du hospodar de Moldavie. Précisément à cette époque Potemkin mettait à feu et à sang la malheureuse ville d'Oczakow, et tout le pays était dans la consternation. Le Chevalier avait reçu l'ordre d'observer les événements de la campagne et du siége, et d'en rendre compte à MM. les ambassadeurs français à Constantinople et à Vienne. Pendant dix-huit mois, il travailla nuit et jour à remplir avec honneur la mission délicate et pleine de dangers qui lui avait été confiée. Sa santé, sa vie même furent souvent exposées; toujours il se montra fidèle à son pays et à ses devoirs. Mais ayant été averti que les machinations de la plus odieuse jalousie se tramaient contre lui personnellement, il prit le parti d'en informer les ambassadeurs et de quitter Yassi pour rentrer en France, où déjà les premières explosions populaires avaient commencé. Dans ce voyage, il séjourna quelque temps à Vienne; il fut invité aux fêtes de la cour, où l'empereur le vit avec bienveillance, et lui adressa plusieurs questions sur ses travaux et ses découvertes. Il revint alors à Paris; mais bientôt il sentit renaître sa passion de connaître et d'étudier les peuples chez eux-mêmes.

Il revit l'Italie, retourna en Angleterre et en Écosse, où, sur les premières esquisses de la Troade, il fut reçu membre de l'Académie d'Édimbourg, qui ordonna l'impression de l'ouvrage. Frappés de la nouveauté, presque miraculeuse, de cette découverte, plusieurs savants voyageurs partirent d'Angleterre et d'Écosse pour aller sur les lieux vérifier les faits rapportés par Le Chevalier. De ce nombre était le célèbre M. William Gell, qui, comme tous les autres, a rendu témoignage à l'authenticité de tout ce qui avait été annoncé par M. Le Chevalier, et lui a dans la suite fait hommage de ses œuvres sur la Grèce et sur l'Asie Mineure.

Pendant les années 1791 et 1792, il passa en Allemagne, et fut reçu membre de l'Académie de Göttingue. Il poursuivit ses voyages dans le nord de l'Europe, parcourut les Pays-Bas, la Hollande, le Danemark, la Suède; partout accueilli, comme un homme d'esprit et d'honneur.

En l'année 1793, époque de si déplorable mémoire, il se trouvait à Saint-Pétersbourg. Ce fut là qu'il apprit les malheurs de la France et de la famille royale, sur lesquels sa noble sensibilité a souvent versé des pleurs. Il vit toujours avec horreur les furieux démagogues qui commirent ces attentats, et, jusque dans son extrême vieillesse, il s'enflammait d'indignation au souvenir d'un régicide. Aussi le nom de républicain, que se donnaient ces malheureux qui croyaient imiter Brutus, réveillait-il en lui toutes les idées que Milton a si bien reproduites, en allumant singulièrement sa verve juvénalesque; ce mélange d'émotion et de satire donnait une remarquable éloquence à sa conversation.

En 1794, il était encore en Russie, et fut chargé par l'impératrice Catherine II d'une mission bien délicate, celle de délivrer la princesse d'Esterhazy, qui était retenue dans l'armée française avec ses enfants. Il dut le succès de cette commission difficile et dangereuse à l'amitié que le brave général Dumouriez avait pour lui personnellement.

Les amis de M. Le Chevalier qui ont su apprécier dans ses entretiens intimes, si intéressants, si instructifs, si chaleureux, toutes les qualités de son esprit et de son cœur, savent qu'il était mal à l'aise, lorsque la conversation s'engageait sur cette affaire ou sur des personnes dont il pouvait avoir à se plaindre. Il en parlait toujours avec des ménagements extrêmes, et cherchait à atténuer leurs torts. *Il faut*, disait-il, *faire le bien pour soi, et non pour les autres.*

Le Chevalier, après avoir visité et étudié la Russie, la Pologne, la Prusse, et tous les principaux États d'Allemagne, repassa de Hambourg en Angleterre, et, par la protection de ses honorables amis MM. Fox et Lansdowne, il y fit connaissance avec la famille de sir Francis Burdett, qui est aujourd'hui un des membres les plus distingués du parlement d'Angleterre. M. Burdett s'attacha fortement à un homme dont l'imagination vive et l'humeur agréable avaient tant d'attrait pour son âge, et en peu de temps il devint un des hommes les plus instruits de son pays. Jamais amitié ne fut plus sincère, plus inaltérable, que celle qui les unit l'un à l'autre.

Pendant l'espace d'environ trois ans qu'il passa à Londres, il ne perdit pas de vue un seul instant les besoins de ses compatriotes malheureux. Tous les Français qui étaient retirés dans la capitale de l'Angleterre à cette époque de douloureuse mémoire, savent qu'étant intimement lié avec M. Fox, alors premier ministre, et avec les plus nobles familles du pays, Le Chevalier usa de tout son crédit, et de toutes les ressources que lui suggéra son âme si compatissante, pour déterminer les membres du parlement de la Grande-Bretagne à secourir les prêtres catholiques et les exilés malheureux. Il est un des hommes qui ont le plus contribué à obtenir ce grand acte de charité politique, qui fait tant d'honneur au gouvernement anglais, et qui peut-être a décidé de la destinée du catholicisme dans le pays.

Après avoir rempli sa mission auprès de sir Francis Burdett, et évité les dangers de la terreur, il eut une autre chance non moins heureuse, celle de revenir de Londres à Paris avec des dépêches pour l'échange des prisonniers; prélude favorable d'une pacification entre les deux pays, dont il était digne d'être le premier messager.

Il trouva M. de Talleyrand au ministère des relations extérieures, et ce célèbre diplomate, dont le sens était si prompt et si fin, l'attacha de suite à sa personne sous un titre littéraire. Ce fut alors que les occasions de faire sa fortune s'offrirent à lui de toutes parts. On vendait les propriétés de l'Église, les biens dits nationaux : on lui proposa de se rendre acquéreur, on lui offrit les moyens de payer, quoiqu'il fût alors sans fortune; il refusa constamment l'un et l'autre. Sa conscience était trop juste pour supporter même la pensée de s'emparer des dépouilles de ses compatriotes victimes des fureurs révolutionnaires! On lui offrit aussi des places éminentes, il les refusa également; tant son ame était accablée en voyant les maux de sa patrie!... Il prit donc le parti d'accepter la commission qui lui fut offerte de porter dans la Péninsule le projet d'un nouveau système de poids et mesures.

Ce fut dans cette occasion qu'il fut reçu membre de l'Académie de Madrid; et après avoir visité cette capitale et les principales villes de l'Espagne, il rentra en France par Bayonne et Bordeaux.

Le gouvernement français ayant adopté un système de mesures fondé sur la grandeur du méridien terrestre, MM. Méchain et Delambre furent chargés de mesurer exactement l'arc de ce méridien compris entre Barcelone et Dunkerque. Les opérations de la partie boréale furent exécutées par M. Delambre; et la partie qui s'étend de Rodez à Barcelone, fut confiée à M. Méchain. Cet astronome distingué pria M. Le Chevalier, qui connaissait déjà l'Espagne et en possédait parfaitement la langue, de s'associer à son travail. Il était question de voyage et de travaux scientifiques: Le Chevalier ne balança pas un seul instant; il accepta la proposition et partit de nouveau pour l'Espagne. Après avoir travaillé nuit et jour pendant plusieurs mois sur les plus hautes montagnes de la Catalogne, il eut la douleur de voir son savant ami mourir victime de son dévouement à l'astronomie, avant d'avoir pu joindre les triangles d'Espagne à ceux des stations françaises.

Après la mort de M. Méchain, il continua ses voyages dans le midi de l'Espagne, à Séville, à Cadix, à Gibraltar, puis en Portugal, faisant partout une étude sérieuse et des hommes et des choses; toujours il voyait bien et juste, et c'est ainsi qu'en parlant des communautés religieuses, il disait: En les dépouillant, on a détruit le patrimoine des pauvres, et renversé le toit hospitalier du voyageur.

Toujours rempli du désir de voir et de connaître, il quitta l'Espagne pour se rendre en Sicile, ce pays de merveilles, qui devait compléter son *Voyage d'Europe*, dont il avait tous les matériaux.

Palerme, Syracuse, l'Etna, tout ce pays de prodiges, cette terre classique, furent l'objet de ses recherches et de toute son attention. Il était à Naples en 1804, lors de la magnifique éruption du Vésuve. Il visita pour la troisième fois Rome et ses monuments, ainsi que toutes les villes de la belle et poétique Italie. Enfin, il rentra en France, riche des découvertes et des observations qu'il avait faites sur les monuments, les mœurs et les usages de tous les pays qu'il avait parcourus.

Désormais, cette vie de fatigues et de voyages n'était plus celle qui convenait à son âge; il fut nommé conservateur de la bibliothèque de Sainte-Geneviève, sous le ministère et par la protection de M. de Champagny, duc de Cadore. Le rendre aux douces occupations de sa jeunesse, aux livres, c'était le rendre à lui-même. Homère avait imprimé l'impulsion à ses premiers pas, Homère fut le compagnon de sa vieillesse.

Il revint sur une ancienne conjecture qu'il avait faite en étudiant la Troade et en parcourant l'île d'Ithaque. Est-il probable, s'était-il demandé, qu'un pauvre Smyrnéen, qui, selon Hérodote, naquit cent soixante-huit ans après la prise de Troie, ait pu connaître si bien les moindres détails topographiques de la Troade et la tactique des armées belligérantes, que ces descriptions de combats, de marches et de campements, semblent avoir été faites par un témoin oculaire? Non, tout était déjà trop changé après deux siècles. L'*Iliade* est donc l'ouvrage de l'un des chefs de l'armée même. On l'a d'abord attribuée à Palamède; mais ne serait-elle pas plutôt l'ouvrage du plus éloquent des Grecs, de celui qui passait pour le plus sage, le plus habile de tous, et dont la valeur n'était point inférieure à celle de ses plus illustres compagnons? Cette question conduisit celui qui voulait la résoudre, au raisonnement suivant :

L'*Odyssée*, si remplie d'aventures de voyages, et où le narrateur montre une connaissance si parfaite d'Ithaque et des familles qui habitent cette île, n'a pu être composée que par le voyageur lui-même, par un homme né sur cette île et habitué dès l'enfance à la parcourir. Si donc l'*Odyssée* est l'ouvrage d'Ulysse, ne conviendrait-on pas que le coloris de ce poëme rappelle à tout instant celui de l'*Iliade*, et qu'il n'en est qu'une nuance affaiblie? Or, quel autre qu'Ulysse vieillissant aurait ressemblé à ce point à Ulysse dans la force de l'âge? Quintus de Smyrne n'a pu lui-même, dans la jeunesse de son talent poétique, approcher si près de son modèle. L'*Odyssée* et l'*Iliade* sont donc de la même main. Si Ulysse lui-même a raconté ses voyages dans l'un de ces poëmes, il a aussi décrit ses combats dans l'autre; et ce fameux roi d'Ithaque est l'aveugle inconnu qui, sous le nom d'Homère, a rempli le monde entier de son génie et de sa gloire.

Tel est le fond de cet ingénieux paradoxe que Le Chevalier développa dans le savant ouvrage publié en 1829, in-folio, sous ce titre : *Ulysse-Homère, ou Du véritable auteur de l'Iliade et de l'Odyssée*, par Constantin Koliades, professeur de l'Université ionienne.

Il n'a pu jouir, comme pour la Troade, de la complète admission de son hypothèse chérie; elle n'est pas de nature à être vérifiée; mais du moins il a pu voir que ses travaux avaient jeté un nouveau jour sur une question que lui-même reconnaissait insoluble; il a pu apprendre que, de toutes les opinions, la sienne du moins était citée comme la plus ingénieuse, et n'était pas la moins vraisemblable. Alexandre, César, dans l'antiquité; dans ces derniers temps, Napoléon et tous les grands capitaines qui ont connu la guerre et les combats, et qui ont lu l'*Iliade* et l'*Odyssée*, attestent que l'auteur de ces poëmes immortels a dû être témoin oculaire des faits, et prendre une part active à tout ce qu'il décrit d'une manière si admirable.

C'est sur cette opinion que roule tout le système de Koliades, qui a reçu l'assentiment d'un grand nombre de littérateurs et de guerriers distingués, soit en France, soit en Angleterre, soit en Allemagne ou en Russie. Le vieux général Suchtelen, ambassadeur russe en Suède, qui lui écrivait de Stockholm les lettres les plus flatteuses, lui disait un jour: « Le nombre de vos adhérents est plus grand que vous ne paraissez le croire vous-même..... Continuez, monsieur, de soutenir votre thèse, et soyez sûr que vous finirez par triompher. »

Sous le rapport de la composition et du style, jamais livre ne fut plus propre à faire passer dans le cœur de la jeunesse des écoles l'amour de l'étude de la langue et des antiquités grecques; car il joint au sens profond d'une sage vieillesse l'enthousiasme et le feu d'une jeunesse pleine d'éclat.

Le Chevalier avait un goût exquis pour les beaux-arts qu'il cultivait, et dont il faisait un délassement de son application à l'étude. Il dessinait et même peignait bien. L'inclination qu'il avait pour la peinture et pour la musique, jointe à un excellent discernement, lui avait acquis une parfaite connaissance de ces deux beaux-arts, au jugement et au rapport des meilleurs maîtres.

Il fut aussi bon astronome. Il trouvait dans cette science un charme inexprimable qu'il faisait passer dans le cœur des nombreux amis qui venaient le visiter. Toutes ses connaissances et ses découvertes le portaient à rendre hommage à l'auteur de toutes choses, au puissant moteur de tous ces corps célestes qui accomplissent leurs mouvements avec tant d'ordre et de régularité.

La gravure, l'architecture ne lui furent point étrangères; il en possédait les principes et savait les appliquer. Il connaissait à fond la botanique et l'histoire naturelle; M. Cuvier lui rend témoignage dans plusieurs endroits de ses ouvrages.

Le Chevalier était un des hommes les plus instruits de notre époque. Outre sa langue natale qu'il parlait dans toute sa pureté, il savait aussi parfaitement les langues anglaise, allemande, russe, turque, italienne, espagnole. Aussi un grand nombre de voyageurs venaient-ils le visiter, s'entretenir avec lui et recevoir ses précieux conseils.

Toujours occupé de ses travaux littéraires, cet excellent homme travaillait aussi nuit et jour à rendre service à ses amis, et même à de simples connaissances, et à se faire le guide des étrangers à Paris et leur protecteur dans toutes les parties de l'Europe. Le Chevalier fut un des hommes les plus obligeants qu'on ait jamais pu connaître. Son zèle ne se ralentissait jamais avant qu'il n'eût accompli vos vœux.

Son ardeur était infatigable ; ses jambes le furent longtemps, sa plume le fut toujours. C'est peut-être l'homme du monde qui a rendu le plus de services, et toujours de la meilleure grâce. Aussi avait-il conservé des amis fidèles. Il en avait parmi tous les hommes assez nobles pour être reconnaissants ; parmi tous ceux qui savent apprécier la science sans pédantisme et l'esprit sans frivolité. Ardent à servir les autres, il s'oublia toujours lui-même....

Sa belle physionomie, son œil ardent et expressif, ses manières pleines de franchise et d'urbanité, sa parole animée, son esprit piquant et enjoué, ses connaissances variées et étendues, sa vaste mémoire, riche de cet inépuisable trésor d'anecdotes, que son esprit si jeune présentait, presque à sa dernière heure, avec une grâce ingénieuse ; son enthousiasme pour la Grèce, dont il réclama le premier la restauration ; enfin ses voyages homériques lui acquirent une réputation littéraire, qui eut peut-être moins d'éclat en France que chez l'étranger, parce qu'il répugnait au caractère de Le Chevalier d'exploiter cette réputation à la manière de tant d'autres écrivains moins éminents que lui.

La religion, qu'il respecta toujours, malgré les scandales dont il fut le témoin, pénétrait son cœur d'une active charité, et lui inspirait le désir ardent et insatiable de faire toujours et à tous tout le bien possible. Ce savant distingué, cet homme de bien, ce bienfaiteur du pauvre, ce modèle des plus aimables vertus, était aussi un bon chrétien. Il pria lui-même

M. le curé de Saint-Étienne-du-Mont sa paroisse, de l'aider à régler les affaires de sa conscience. Ce digne pasteur répondit à cette demande avec zèle et charité; il ouvrit les consolations et les espérances de son ministère à ce vénérable vieillard, qui les appelait avec une vive confiance.

Chaque jour il lisait ou se faisait lire un chapitre du saint Évangile. Les personnes de sa maison, sur sa demande, se réunissaient auprès de lui pour y faire la prière en commun. Il reçut la sainte communion et les sacrements de l'Église avec les sentiments de la plus touchante piété. Cette démarche de sa part fut toute religieuse et de conviction. Pendant le temps de sa longue et douloureuse maladie, qu'il supporta avec une patience et une résignation toutes chrétiennes, on n'entendit jamais sortir de sa bouche que des paroles de foi et de reconnaissance.

Il consolait avec bonté les nombreux amis qui venaient le visiter, ainsi que les personnes qui étaient auprès de lui: au milieu des douleurs les plus vives, sa belle et majestueuse figure porta toujours l'empreinte inaltérable du calme et de la paix qui remplissaient son âme. Non, son espoir ne l'aura point déçu; nous en attestons le sentiment de nos âmes, qui toutes désirent une conscience comme la sienne; nous en attestons la conviction qui nous dit que Dieu reçoit en grâce tous ceux qui l'aiment, et qui confirme en nous cette parole prophétique: *Heureux les morts qui meurent dans le Seigneur, car ils se reposent de leurs travaux, et leurs œuvres les sui-*

vent! Il mourut à l'âge de 84 ans, dans une entière résignation à la volonté de Dieu, le 2 juillet 1836, jour anniversaire de son baptême.

D'après un arrêté de M. le ministre de l'instruction publique, en date du 14 novembre 1838, le buste de M. Le Chevalier vient d'être placé dans les galeries de la bibliothèque de Sainte-Geneviève, à laquelle il a rendu pendant trente ans des services signalés.

Ce buste, qui fait honneur au ciseau si habile et si expressif de M. David, rappelle avec une rare exactitude les traits vénérables de l'auteur du Voyage en Troade [1]. Tous les amis des lettres qui ont connu M. Le Chevalier, ou lu ses ouvrages, applaudiront à cette décision de l'autorité à l'égard d'un homme qui, à des connaissances variées et profondes, joignait un cœur éminemment religieux.

[1] La dépense de ce buste a été acquittée au moyen d'une souscription ouverte trois ans après la mort de M. Le Chevalier, et qui, sans avoir été publiée, s'est élevée à la somme de quinze cents francs. L'auteur de cette Notice se souviendra toute sa vie, avec une profonde reconnaissance, de l'accueil et des encouragements qu'il a reçus à cette occasion de la part des honorables amis de son oncle.

www.ingramcontent.com/pod-product-compliance
Lightning Source LLC
LaVergne TN
LVHW010256230826
846091LV00007B/2994

* 9 7 8 2 0 1 4 0 3 7 6 6 1 *